바람의 근성

최재남 시조집

목언예원

바람의 근성

지은이 · 최재남
펴낸이 · 민병도
펴낸곳 · 목언예원

초판 인쇄 : 2015년 11월 05일
초판 발행 : 2015년 11월 10일

목언예원
출판등록 : 2003년 2월 28일 제8호
경북 청도군 금천면 선바위길 53 (신지2리 390-2)
전화 : 054-371-3544 (팩스겸용)
E-mail : mbdo@daum.net

ISBN 978-89-94733-31-9 03810

이 시집은 2015년 대구문화재단 문화예술 창작 지원금을 일부 지원 받았습니다.

Daegu Foundation for Culture 대구문화재단 한국문화예술위원회

가격 : 10,000원

바람의 근성

최재남 시조집

목언예원

■ 시인의 말

거두고
비워냄을
쉼 없이 반복하는 허공 같은 가을 길에
시가 되길 원했던 제 안의 물음들을
여기 조심스레 내려놓습니다.

세상이
시적인 일들로 가득 넘쳐나면 좋겠다는
어느 시인의 말을 가슴에 담고
다시 길을 떠납니다.

이젠 시적인 일상을 살고 싶습니다.

2015년 시월에
최 재 남

CONTENTS

바람의 근성

— 최재남 시조집

PART 02 | 다시 찾은 봄 • 27

PART 04 | 외줄로 당기는 별 • 59

01 숯이 까만 그리움

우산

어머니 팔순잔치에
선물로 나눠 줄 우산

한평생 하늘을 덮어
눈
비
막아주더니

오늘은 오롯이 접혀 탁자위에 누웠네

"야들아! 내가 이리 짐만 돼서 우짜노"
꼬챙이 몸뚱이로
폭우도 견뎌냈던

어머니 남은 하늘이 우산위로 접힌다

아랫목

세평짜리 단칸방도
서열은 준엄하여

아무도 넘보지 못하던
아버지의 빈 아랫목

겨우내
앉지 못하던
속이 까만
그리움

이팝나무

덜 여문 보리이삭
종일토록 바라보다
빈 쌀독 긁어내어
차려놓은 저녁밥상
아버지
밥그릇에 꽂힌
뼈가 하얀
눈目 화살

페이스메이커*

가로등 불빛너머 어둑한 운동장을
흙먼지 몰아세우며 비틀비틀 모자母子간다
엉켜진 몸짓을 풀어도 이미 멈춘 성장통

간간이 드러나는 선, 둥근 길과 수직사이
잡힌 손 뿌리치며 나뒹구는 아들위로
쯔쯔쯔 혓바닥을 차는 왜바람도 시린데

"조금만, 조금만 더!" 끊어진 시간을 잇는
어머니 하얀 손이 달빛아래 휘적인다
멈춰야 보이는 보폭, 길이 따라 걷는다

*페이스메이커 : 마라톤 경기에서 주전선수의 속도를 만들어 주는 선수

안개 속에서

통째로 점령당한
안개 속 고속도로,
빛바랜 비상등이
힘없이 흘러 다녀도
저만치 버티고 선 채
열지 않는 하얀 길

마음은 시속 백 킬로, 브레이크 밟힌 시간
강 건너 어머니도 안개 속을 건너는가
"괜찮다 오지 말거래이" 손사래도 희미한데

잠깐씩 드러나는
아득한 경계선 밖
비워진 가슴가득 안개를 쓸어 담고
어머니 지나온 길을 몰래 꺼내 닦는다

쑥

내 살아온 나이보다 더욱 먼 친정에 와서
이슬 묻은 쑥을 뜯어 돌절구에 찧으면
알싸한 지난날들이 마음 가득 고입니다

평생을 일구어도 보약 한 첩 살 수 없던
어머니 시집살이가 삼베 올에 짜여 나온
한 사발 쑥물보다는 서러움이 더 씁니다

철지난 햇살아래 훌쩍 자란 쑥을 보며
내년을 기약하며 아쉬움을 접던 그 날,
어디서 날아왔는지 쑥국새 붉게 웁니다

겨울 갈대

강물도 제 몸 줄여
동안거에 드는 정월
목마른 길목마다
하얀 촛불 켜졌다
가슴을 다 태우고도
한기 드는 저물녘

철새마저 떠나버린
둥지를 끌어안고
심술 난 된바람을
온 몸으로 견디지만
빈속에 삼킨 상처는
풀어내지 못하는

철부지 자식들을 대처로 보내놓고
여위어 길어진 목 동구 밖을 서성이던
어머니 시린 발등위로 찬 서리가 내린다

소통 또는 불통

광대역*이 필요하다는
아들놈의 지청구에

잠긴 방문 열어줄까 깔아 준 데이터망

빵빵빵 터진다는 주파수
뚫지 못하는
사춘기

*광대역은 고속데이터망을 통해 양방향으로 송수신되는 정보콘텐츠

메주

겹겹이 싸매어서
가슴속에 파묻어도

숨겨둔 그리움마냥
스멀스멀 냄새 피더니

어머니
정화수 그릇에
몸을 풀고
누운 메주

온 몸에 퍼진 곰팡이
수세미로 닦아내도

손끝이 닿지 않던
몸속의 까만 꽃대

생살을
다 삭히고서야
달꽃 되어
훤하다

다듬질

일곱 식구에
단 하나뿐인
옥양목
이불호청

두드리고
잡아 당겨도
찢어지면
안 되는 줄

어머니
주름살보다
팽팽하게
견딘다

가락지

지문마저 사라진
울 엄니 손가락에
서 돈짜리 금가락지
출렁출렁 춤을 춘다
예순을 넘기고서야 끼워보는 첫 반지

손마디 꺾이고 닳아
관절이 휘는 동안
새겨진 꽃무늬는
향기를 잃었지만
뼈마저 헐거워진 생애, 실로 다시 묶는데

바람도 힘에 겨워
호흡이 가파른 날
손가락 물이 배여
삐걱 이는 가락지를
"날 보듯 두고 보거라" 당신을 건네신다

군불

노을이 지기 전에
굴뚝새 돌아오고
아버진 아궁이에 군불을 지피셨다
신린 발 동동거리는 별들이 내려오라고

타닥타닥 불꽃 속에
노랗게 익어 가는 달
손국수 긴 가락이 장작불에 끓는 저녁은
긴긴 밤 허리띠를 졸라도 허기지지 않았다

치솟는 기름 값에
보일러는 끈 지 오래
세상은 춥고 어두워 기억마저 아련한데,
신 새벽 식은 아랫목을 덥혀주던 아버지

느티나무

새벽 강에 발을 씻는 등 굽은 느티나무
물살마다 감겨오는 귀 익은 노래 가락에
초록빛 가슴을 열어 굽이굽이 현을 켠다

제 신명에 넋이 나간 매미소리 뚝 끊긴 오후
고장 난 계산기로 배추밭을 넘긴 아버지,
흙냄새 툭툭 털어서 나무 아래 뿌리셨다

한 해에 한 번씩은 도져오는 불치병 안고
아름드리 몸통 속에 집을 지어 가셨나
아버지 비운 그늘이 빈들보다 넓었다

숯불을 피우며

온 몸을 다 태워도 캄캄한 하늘이었나

애간장 끓이던 속 발갛게 부풀리면

매캐한 연기 속에서 웃음 짓는 아버지

솥뚜껑이 열리도록
불길 확 일었지만

당신의 노역들은
숯으로 남은 하루,

조그만 불씨하나 갈무려
또 내일을 겨누는데

금이 간 까만 관절 바람에 내맡기고

오늘도 아궁이마다 꽃불 다시 피우는

아버지 지난한 삶도 타다 남은 숯이다

02 다시 찾은 봄

수성못에서

–다시 찾은 봄

해 저문 수성못* 둑 벚꽃이 지고나면
파랗게 여문 보리 달을 지고 내려온다
뿌리는 하늘에 심고 땅을 향해 자라던

물살이 흔들릴까 오리는 망을 보고
허기진 몸을 접어 훑어낸 보리 이삭,
달빛을 섞어 넣어도 풋내 나는 오기다

들은 빼앗겼지만 봄조차 빼앗길 수 없어
출렁이던 가슴 한쪽 태우던 파란 불꽃,
오늘은 물그림자 위로 꽃 이파리 띄운다

*수성못에는 이상화 시인의 '빼앗긴 들에도 봄은 오는가' 시비가 있다.

간절곶* 소망 우체통

간절곶 언덕에는
그리움 모여 산다
길도 없는 바다 쪽으로 문을 연 우체통과
오늘도 수취인 불명으로 되돌아온 편지 한 통

지우고 다시 쓰고
수평선이 다 닳아도
속이 하얀 박제상은 돌아오지 않았다
칼바람 흩고 간 자리 발자국만 어지러운

모녀는 빨간 우체통에
또 편지를 부친다
우체부가 팔을 걷고 바닷길을 여는 동안
파도는 속을 감춘 채 신열 몰래 앓는다

*간절곶에는 일본에서 신라왕과 아우를 구하고 대신 죽은 박제상을 기다리다 돌이 되었다는 모녀상이 있다

거제도에서
-바람의 섬

조각달 띄워놓고 항구는 부산하다
비워진 골짜기마다 바람을 실어 나르는
무중력 여객선 행렬, 오늘밤도 만선이다

어디든 치닫는 게 바람의 근성이라
물로는 씻을 수 없는 붉은 상처 끌어안고
남으로 다시 북으로 뒤엉키다 쓰러진다

시간도 되감으면 불면증이 도지는지
짠내에 속이 패여 잠 못 드는 하얀 풍차
피멍든 남도 바다엔 별이 뜨지 않는다

오월은

산 너머
하늘이 와서
물들인
푸른 광장에

가슴엔
카네이션
거리에는
붉은 머리띠

오월은
꽃도 사람도
붉어지는
생채기

소수서원 은행나무

시간이 멈춘 나라, 등불 더욱 환하다

취한대翠寒臺 마주보며 함께 읊던 연군가는

저 혼자 옹이로 박혀 깊어지는 생채기

마음은 비웠다지만 그리움은 저리 남아

주인 잃은 서원 밖에 가을을 불러놓고

죽계천 별곡 한 소절 읊조리고 있구나

정방폭포

뜨거운 땅 식히며 실개천 돌아올 땐
평생 섬을 섬기는 귤맛 나는 물이었다
바람도 멈춰서 우는 서귀포 벼랑 끝에

각으로 꺾인 시간 하늘마저 물러서고
지나온 생애는 지워 바닷속에 뼈를 묻는,
하얗게 질린 수평선 달려오다 부서진다

아찔한 물살에도
씻지 못 할 기억 있나
순하게 살아온 날들
덧칠당한 암벽위로
햇살이 내리꽂히자
무지개로 뜨고 있다

안압지에서

–연

신라의 뒤뜰 연못 백로 떼 돌아오자
문무왕이 못다 끝낸 연회 다시 열리는지
외줄을 타고 오르는 연등 새로 눈부시다

새날을 기다리는 주인 잃은 빈 배에 올라
이슬마다 먹을 풀어 큰 붓으로 다가서면
숨겨온 아픈 상처에 꽃잎 하나 떨군다

칼도 붓도 버린 뒤 빈 하늘을 옮겨오면
햇살과 바람사이 등불은 더 밝아지고
물 아래 천년사직이 연잎으로 흔들린다

낮별

지도를 그릴 때는 아무도 긋지 않는 선
새터민 순이에겐 가시 돋친 철조망인줄
아이들 퍼런 서슬에 찔리고서야 알았다

“배고파서 도망 왔냐? 네 나라로 돌아가!”
돌리다 만 전단지가 발밑에서 뭉개져도
깨물어 되삼켜야 하는 함경도 사투리

낮과 밤이 엇갈리는
유배 된 시간이 오면
담보 된 목숨을 찾아
아버지 돌아오는데
쫓기던 낮별 하나가
붉은 강을 또 건넌다

여름, 유학산

유월이 다 가도록 잊혔던 유학산에
저 먼저 신열이 도진 패랭이꽃 앓고있다
포성이 잠시 멈춘 밤 먹 뻐꾸기 집을 찾고

기억조차 없다는 듯 허물어진 참호 안엔
쓰다 만 편지 한 장만 그 날을 증언한다
사진 속 각인 된 날은 하늘마저 외면했다고

전열을 가다듬은 나무들이 숨을 고른다
아무도 주인 아닌 땅 고지를 지키려는,
유월엔 귀뚜라미가 마음 저리 애태운다

거연정에서*

대문은 아예 없고 감싸 줄 벽조차 없어도
오로지 하늘 받칠 기둥하나 높이 세워
밤마다 구겨진 물살 펴 달빛 감싸 안는다

산이 먼저 들어앉아 먹물처럼 푸른 날은
가슴이 숭숭 뚫린 너럭바위 몸을 낮춘다
물살에 비치는 하늘은 섬길 수가 없다고

두 눈을 다 감아도 계절은 오가는데
홀로 품은 소나무엔 별들이 오지 않아
깊은 소 푸른 물속에 저린 발을 담근다

*거연정은 경남 함양 안의계곡에 있는 8개의 정자 중 하나임

진달래 기억

이 꽃잎 다 따버리면
산도 배가 고플까

거머쥔 소쿠리는
차마
못 놓는데

꽃잎이 머물던 자리
기웃거리는
흰나비

죽령 터널을 지나며

죽령 육십 리를 산새에게 돌려주고
침묵에 갇힌 터널 깊숙이 들어서자
아찔한 현기증 너머 희미한 출구 하나

어둠이 깊어져야 작은 빛도 더욱 귀한 법
비상구 불빛 따라 핸들을 고정하면
마침내 여긴 해방구, 면죄부의 시작이다

꽃보다 화려했던 소백의 그 들썩임도
굴착기에 뚫려버린 터널 안에 가둬두고
지나던 뭉게구름만 고갯마루를 지킨다

만송정*

굽어오는 물빛으로
빈 나루를 채워놓고
기억을 저어오듯
뱃사공이 돌아오면
만송정 솔가지 사이
살아나는 진양조

물에 갇혀 살면서도
목마름에 타는 살갗
둥둥둥 달을 울려
탈춤이 시작되면
비로소 풀리는 금줄
실비소리 가깝다

만 가지 꿈을 엮어
천년을 뻗어나가도
하늘 끝에 닿지 못한
솔씨의 깊은 시름,
푸르러 아직 끝나지 않은
그 아픔을 달랜다

*하회마을에 있는 소나무 숲. 매년 만송정에서 별신굿 탈춤놀이를 한다.

석탄 박물관에서

태백산 중턱에서 또 발목이 잡혔다
흰 눈만 잔뜩 실은 채 대기 중인 탄차는
주인을 기다리느라 출발조차 못하고

싸늘히 식은 구들장에 불씨를 되살리려
캄캄한 막장에서 빛을 캐던 박 씨 부자
박제 된 지하에 갇혀 돌아가지 못했다

판자촌을 전전하다 지쳐버린 바람 앞에
목숨보다 소중했던 장비들을 보라며
외 남은 십자매 한 마리 빈 가슴을 달랜다

03 가시연꽃

우포에서
–가시연꽃

한 번도 그 바닥을 드러낸 적 없었기에
사람들은 우포에 와서 상처를 숨겨놓는다
수면을 고르는 동안
가시들은 돋아나고

여름이 오기도 전에 통증은 시작되었다
어긋나던 삶의 고비, 촘촘히 박힌 가시
뼈마저 뚫고 나왔나
울음이 더욱 붉다

하늘이 다시 내려와 물살을 보듬으면
연잎은 온 몸으로 제 가시를 닦아낸다
보라 빛 작은 성 한 채
환하게 솟아나도록

하회에서

–부용대

천년을 버텨내서

물길을 돌린 것은,

견고한 바위 틈새로

물길을 끌어 올린 것은,

피다만

연꽃 한 송이

달빛 속에 바치려

과감果敢

이파리
다 버려야
찬 겨울 견뎌 내듯이

씨앗을
다 나눠줘야
돌아 올 봄이 있듯이

사과가
떨어진 곳에
별이 함께
내린다

북성로

자정 무렵 북성로엔 바람도 소매 걷는다
불 꺼진 골목마다 포장마차 들어서면
냄비를 점령한 멸치 떼
바다를 우려내고

어둠이 깊을수록 근심마저 깊어지나
술잔에 버무려지는 허기에 지친 하루,
아무도 내일을 핑계로
일어서지 않는다

하루치 품삯으로 또 하루를 사는 사람들,
빈 그릇에 반쯤 깔린 달빛을 위안삼아
버려진 길을 더듬어
빈 새벽을 건넌다

그림자

꼿꼿이 고개 세우고

당당히 어깨 펴도

내딛는 걸음마다

앞서가는 시간제 꼬리

온종일

땅바닥만 기다오는

무릎 해진

스펙들

응급실에서

칼날 같은 경광음이 어둠을 뚫고 오면
링거도 꽂지 못 한 채 오열하는 새벽 네 시
별들이 졸고 있어도
대기 중인 신호등

이름도 알 수 없는 일용직 키 큰 장 씨,
번호판도 놓친 채 죽음의 강 건너고 있다
방사선 인화지로도
찍지 못한 삶의 질곡

간신히 버텨내고 붙잡은 혼미 속으로
이승의 지난 일들이 기우뚱 흔들리고
희미한 안개 속으로
다가서는 낯선 길 하나

부고

꽃 한 송이 지는 것이
경쾌한 짧은 음인 듯

딩동댕 벨에 실려
부고가 날아왔다

손가락
쓰윽 누르자
한 생애가
지워졌다

문상

숨 한번 가다듬고
들어 선 장례식장

생명부지
직함들이
줄지어
조문중인데

둘러댈
명함도 없이
목만 길어진
한 송이 꽃

비누

숨은 때를 씻으려고
비누를 칠한다
미끄러지는 손끝에서
날렵하게 튀어 보지만
움켜진 주먹을 펴면 그도 가득 거품이다

세상의 모든 때를
온 몸으로 받아들여
형체도 알 수 없이
일그러진 중년의 저녁,
어느새 악성 빈혈이 발끝까지 번진다

그가 다 녹아서
일생을 마치도록
아직도 씻지 못한
내 허물은 또 얼마인지
아무런 주저도 없이 새 비누를 고르는 나

탈

깎고 다듬어서
얼굴 하나 더 만들어

이른 아침 문을 나서며
스스로 가둬 버리는

온종일
만화경 세상에
벗지 못하는 가면 하나

내비게이션 달다

폐차 직전 승용차에 내비게이션 달았다
한 몸 되어 떠나는 달콤한 첫 동행 길,
단 한번 눈짓만으로 하늘 길 열어준다

미로처럼 엉켜진 길 발갛게 풀어지면
한 치의 의심도 없이 고정하는 핸들너머,
다급히 뒤쫓아 오던 이정표도 멈췄다

잠복한 이동 카메라 발목을 낚아채고
급커브, "유턴하세요" 추임새로 듣는 저녁
놓치고 지나온 길이 실타래로 엉킨다

하늘타리

시집 온지 오년인데
흐엉은 아이가 없어요

밤마다 밧줄을 엮어
하늘로 던지지만

달님이 글쎄 달님이
잡아주지 않아요

딱지치기

학원가방 팽개치고

주저앉은 시멘트 바닥

빳빳하게 접은 딱지로

내리쳐 넘기려는

아이들
각진 시간이
허공에서
돌고 있다

이별연습

"액씨야 니 어데갔노 몸도 성치 않으면서
집을 이래 비와두면 냉중에는 몬쓴대이"

요양원
침대를 적시는
외숙모의
전화 한통

04 외줄로 당기는 별

소낙비

온다던 그대 못 오고
먹구름 대신 보내

창문만 쓰다듬다
돌아서며 쏟는 통곡

빈 가슴
움푹 파놓고
고이지도
못하는,

마음

너를 여는 손잡이는
자존심에
달려있어

밤새 누르지 못한
초인종
소리 같은 것

뿌옇게
새벽이 오면
또 시침 떼고 돌아서는,

일직교회에서*

–종탑

산마을 예배당을 오래도록 지킨 종탑

슬퍼도 울지 못하는 종하나 품고서서

산허리 돌아나가는 꿈, 날마다 엮고 있다

새벽 닭 울기 전에 외줄로 당기는 별

총총히 탑을 내려와 시린 어깨 보다듬어

문간방 기침소리를 하늘 끝에 싣고 간다

*일직교회 : 아동문학가 권정생이 종지기로 있던 교회

산수유

다지고 다시 다진
바위 같은 약속에도

타는 조바심을
숨겨둘 곳 없어서

만등을 노랗게 밝힌
맨발의 그대 마중

하회 나루터

"배 좀 놔 주이소. 인제 다 모였니더"
새들이 강을 건너가 뱃사공을 깨워오면
노을을 등에 진 아이들 마중하는 부용대

한 해 쌀 한 말이면 강물도 길이 된다
깊은 소 소용돌이도 곰방대로 눌러 앉히는,
강 건너 허기를 싣고 돌아오는 김 씨 아저씨

달도 바람도 무임승차 하는 밤엔
도회로 돈 벌러 간 딸, 건졌다가 놓쳤다가
더 이상 돌아 올 이 없는 빈 나루만 닦는다

낙엽

계곡 물을 다 마셔도
목이 마른 나뭇가지
붉게 탄 나뭇잎들
하나 둘 내려놓는다
순식간 끼어든 바람
하늘까지 낚아채고

두런두런 몰고 온 소문
뿌리 끝에 줄 세우고
한 잎씩 들춰가며
엿보는 산골마을
오솔길 붉은 발자국이
낯선 길을 묻는다

발자국

둘이서 함께 걷는 길
외롭지 말라더니

어째서 발자국은
두 개만 있는 걸까

아들아
내가 널 업고
건너왔잖니,
저 모래밭

*신앙고백 스토리

석양

오늘을 못다 태워
조바심 난 하늘 좀 봐

별들이 대기 중인
옥상에 내려앉아

세상의 빨래를 걷고
돌아가는 해를 좀 봐

물길

꺾어지는 물소리에
바위마저 뚫리는데

뜨거운 몸을 맡겨
제 속을 드러내는

작은 돌
덧난 상처에
길을 잠시 놓친다

눈꽃

산하나 다 지우고도
못다 지운 나무 가지

달이 오고
별이 와서
뿌려놓은 하얀 이름

밤사이
꽃으로 피어
얼어붙은 그리움

13월

—갱년기

숨죽인
바람에도
나뭇가지 부러지듯

폭우가
쏟아져도
금이 가는 마음 한 평

무채색 시간에 갇혀
뜯지 못하는
달력 한 장

눈꽃빙수

발그레
붉은 그녀와
손이 하얀
그 남자가

무너질 듯 쌓고 있는
얼음산이 위태롭다

혀끝에 닿기도 전에
아! 무너지는
탐색전

불신

알람을 놓쳤을까
소스라쳐
놀란 새벽

흔들어 깨울 세상
아직 때가
아니라며

캄캄한
벽을 더듬어
뜨는 해를
막는다

길 어깨

출구 아직 멀어
멈출 수 없는 길에

과속으로 내달던 시간
고장 난
고속도로 위

그 잠시
허락된 길 어깨
비상등도
꺼졌다

05 담장을 허물다

담장을 허물다

마주 선 포클레인
그 눈빛이 심상찮다
팽팽한 긴장을 깨고
단 한번 내지른 팔,
버텨온 골드파크 담장 일순간에 무너진다

담하나 사이 두고
가늠 못한 그 너머엔
햇살을 기다리던
키 작은 풀꽃들이
얼굴을 반쯤 드러낸 채 작은 손을 내밀고

서로를 빼앗아간
시간들을 부축하듯
화려한 오색물감
곱게 칠한 놀이터로
아이들, 눈을 맞추며 바람처럼 넘나든다

담쟁이

이십 오층 아파트에 가려 그늘진 담벼락에

버려진 듯 살아남은 담쟁이가 눈물겹다

허옇게 드러난 뼈마디 풀벌레도 피해가는

한 평 땅도 먼 꿈인가
허공에 발을 딛고
완고한 벽돌 틈으로
가까스로 내린 뿌리
힘겹게 마주 잡은 손
달빛 함께 엉긴다

하늘도 목이 말라 속이 타는 봄 가뭄에

조금씩 팔을 뻗어 덮어가는 상처자국

끝없이 흔들리던 땅 그쯤에서 멈췄다

한지

닥나무 곧은 가지 속살을 불러와서
달빛에 곱게 우려 한지를 뜨는 날은
조선의 시린 바람도 가얏고로 울었다

고요도 뿌리 깊어 눈이 부신 여백 한 켠
가슴 깊이 쟁여둔 물소리를 풀어주면
어느새 세상은 하나 서로 손을 잡는다

그 누가 먹을 갈아 함부로 붓을 드는가
칼보다 더 무서운 먼 실록의 행간에서
천년을 지켜가야 할 숨결 더욱 뜨겁다

잃어버린 시간

벽하나 건너기가
강물보다 더 깊었나

홀로 사는 옆집 할머니
현관문이 뜯겨졌다

한 달 째 인기척 끊긴
그 시간도 함께 뜯겼다

퍼렇게 멍든 가슴을
가두고 잠가버린

부서진 노모의 문에
망연자실 서 있는 아들

놓치고 지나 온 시간이
현관문에 걸려있다

논짓물*

씻기고 돌아서면 도리어 검게 타는
섬 바위, 갈라진 틈을 물이 타고 오른다
날마다 제 가슴 절인 소금기도 함께 오른다

타다가 부서진 흙
꾹꾹 눌러 삼은 터전
바다는 그 물길마저
끌어당겨 쓸어간다
실개천 끊어진 곳엔
대치중인 밑줄 하나

달이 움찔하고 바다를 밀어낸다
하늘을 앞세우고 달려드는 파도 앞에
협상이 결렬 되었나, 바다가 달을 삼킨다

*논짓물은 제주도 예래동 바닷가에 있는 논에서 나는 물, 민물과 바닷물이 만나는 곳이다

안경 너머

황사바람 물러가고 세차를 서두른다
결 따라 닦아내고 물까지 뿌렸는데
뿌옇게 흐린 앞 유리
환해 질 줄 모른다

불쑥 도진 오기, 소매까지 걷어붙이고
손끝을 거부하는 안경 너머 길을 닦는다
때로는 정체불명의
벼랑마저 길이라며

저울로는 잴 수 없는 먼지의 무게처럼
눈 하나 더 달아도 볼 수 없는 내 안의 빛,
차라리 안경을 벗자
환해지는 오전 열시

어떤 초저녁

다 시든 열무 한 단
마지막 남겨놓고

떨이를 기대하며
손님을 기다리는

할머니 그 눈빛에 끌려
발길 멈춘
초저녁

어지럽게 지나치는
발자국 다 지워진 뒤

"이거 얼마예요?"
구겨진 지폐 두 장으로

칠십년, 하루 품삯을
또 채워 넣는
초저녁

습관

토요일 아침마다 언제나 나의 길이던,
문화센터 이정표를 말끔히 지워내고
오늘은 내비게이션에
낯선 길을 맡겼다

첫눈에 반해버린 뜨거운 눈빛으로
풍경은 창밖에 둔 채 과속으로 내달았다
순식간 깨어진 신뢰,
문화센터 앞이다

놓쳐 버린 마음의 길
몸이 앞서가면
눈 뜨고도 보이지 않는
안개 속에 갇히는 것
다급히 돌아가는 길,
머릿속이 하얗다

알레르기

벌도 나비도
날지 않는
도로위에

제 짝을 찾는다고
밀회중인
꽃가루들

그 길목
막아선다고
눈물 콧물
쏙 뺀다

순천만에서

폐선을 품에 안은 고즈넉한 갯벌 위로
흥건히 물이 들자 섬 하나가 둥그렇다
강물과 바닷물 사이 시간도 함께 갇힌다

물김 낮게 깔고 몸을 푸는 갈대 사이
비릿한 초록 내음 빠르게 번져나간다
오래된 악기를 불 듯 해를 부는 짱뚱어

지평선은 낮은 포복, 소리 없이 차오르고
결 고운 빗자루로 쓸어 낸 바닷길엔
노을을 지키던 새들, 돌아오고 있었다

유리 항아리 속 매실

파랗게 여문 유월 손놀림이 분주하다

차곡차곡 몸을 포개 속살까지 채웠지만

투명한 유리 항아리에 갇혀버린 생애들

알싸한 자존심도 힘겹게 삭은 가슴도

때때로 눈여겨보면 환하게 내비친다

살과 뼈 다 녹여서 얻는 달디 단 역모를

겨울호수

소한의 물그림자가 만연체로 흔들린다
인적 없는 호숫가에 불현듯 들이닥친
매서운 칼바람소리,
청둥오리도 숨죽인다

아주 짧은 정적에도 수면은 마비되고
서투른 노숙자가 길을 잃고 서 있는 동안
슬며시 끼어든 살얼음
상처자국 후빈다

북적이던 그 여름이 그리운 건 아니지만
함께 살자 몸 부리던 철새마저 떠난 저물녘
호수는 제 몸을 쪼개
물을 밀어 올린다

길

산그늘도 졸며 가는 비탈진 고추밭은
해마다 빚만 안고 불치병 앓아간다
무거운 하늘을 지고 튕겨 나온 고향길

베란다 가득 쌓인
먼지도 금이 가고
호미로도 캘 수 없는
외로움만 무성한 날
떠나온 길을 찾는
바람끝이 시리다

메르스 검색

2G폰 아버지와 스마트 폰 딸내미가
식탁에 마주앉아 시간을 긋고 있다
지중해 바람을 타고 불시착한 메르스

실시간 검색으로 식탁까지 차고앉아
누르는 손끝마다 쏟아내는 공포심
"손 씻고 밥이나 무라" 차단되는 메르스

06 작품해설

감사와 화해, 그리고 성찰의 시

/민병도

감사와 화해, 그리고 성찰의 시

민 병 도 | 시인, 한국시조시인협회 이사장

1

일반적으로 시는 그 자체로 하나의 완성품이면서도 읽는 행위를 통해서 내재된 부가가치를 발휘하는, 일종의 수단으로서의 역할도 동시에 지니는 특징이 있다. 그리고 그 수단에 부가된 이념이나 목적에 따라서 지극히 다양한 모습으로 변신을 꾀하기 마련이다. 물론 전반적인 기조는 공자가 『논어』에서 〈시경〉에 대해 "시 삼백 수에는 한 마디로 말하면 사악함이 없다 詩三百, 一言以蔽之 日 思無邪" 라고 평가한 것처럼 진실에 대한 탐구로 이루어져 있다.

때로는 정치적 수단이나 이데올로기의 도구로 악용되기도 하였지만 그 같은 목적을 이유로 시의 역사에서 배제시키지는 못한다. 심지어 조선 최고의 지성이라고 일컬어지는 다산 정약용마저도 『목민심서』에서 "임금을 사랑하지 않고 나라를 걱정하지 않는 것은 시가 아니며 어지러운 시국을 아파하지 않고 퇴폐적 습속을 통분하지 않는 것은 시가 아니다"라고 시의 목적성을 규정한 것을 보면 시의 목적성이 얼마나 광범위한지를 미루어 짐작할 수 있겠다.

중요한 것은 자신이 쓴 시를 수단으로 무엇을 쟁취하고자 하였는가의 문제다. 어떤 이는 자신의 삶에 겸손하기 위하여 시를 쓰고 또 어떤 이는 자신의 해소와 치유를 목적으로 시를 쓰기도 할 것이다. 그러기에 어떤 이에게는 시가 희망이며 입맞춤일 것이다. 또 그것은 자기 존재의 확인이며 진단이며 마침내 치유일 것이다. 따라서 시의 공통된 효능은 자신의 정신을 건강하게 만든다는 점에 있다. 바꾸어 말하면 그것이 시의 온전한 수단일 때 독자들에게 전달되는 공감의 파장 또한 커지게 될 것이란 점이다.

2

최재남의 첫 시조집 『바람의 근성』에는 유독 부모와의 혈육의 정을 그린 작품들이 많아 보인다. 혈육 간의 정리情理를 생각하는 것은 인간의 보편적 가치이면서도 현실적으로는 자꾸만 엷어져가는 안타까운 실증이다. 시를 쓰는 마음이 의미 있는 가치에 대한 모색이며 창조적 접근이라는 점을 감안하면 부모와 같은 혈육에 대한 사랑이야말로 가장 우선적이며 필연적 자세가 아닐 수 없다.

어머니 팔순잔치에
선물로 나눠 줄 우산

한평생 하늘을 덮어
눈
비
막아주더니

오늘은 오롯이 접혀 탁자위에 누웠네

"야들아! 내가 이리 짐만 돼서 우짜노"
꼬챙이 몸뚱이로
폭우도 견뎌냈던

어머니 남은 하늘이 우산위로 접힌다
—「우산」 전문

「우산」에서는 시적 화자가 '어머니 팔순 잔치에/ 선물로 나눠줄 우산'을 준비하다가 '한 평생 하늘을 덮어/ 눈/ 비/ 막아주'던 우산이야말로 어쩌면 어머니의 모습과 닮아있다는 점을 발견하게 된다. 그리고 첫 수 종장의 '오늘은 오롯이 접혀 탁자위에 누'운 우산의 모습에서 불현듯 어머니의 한 번도 제대로 쉬어보지 못한 '휴

식' 에 대해 생각하는 안타까운 심정을 드러내 놓았다.

둘째 수에서는 '한 평생 하늘을 덮어' 주며 자식들을 위하여 희생해온 어머니지만 '야들아! 내가 이리 짐만 돼서 우짜노' 라고 미안해하는 한국식 어머니표 희생의 진수를 보여준다. 화자, 즉 시인의 어머니가 어떤 자세로 팔십 평생을 살아왔는가에 대한 추측은 '꼬챙이 몸뚱이로/ 폭우도 견뎌냈던' 강인한 모습에서 충분히 헤아릴 수 있다.

여기서 어머니와 우산은 완전히 하나가 된다. 자신이 비를 피할 목적도 아니면서 아니 오히려 평생을 흠뻑 비를 맞으며 찢겨진 채 버려지는 우산과 한 생애를 송두리째 자식들에게 바친 이 시대의 우리네 어머니는 왜 그리도 흡시한가. 생각할수록 가슴이 먹먹해지는 장면이다.

어머니를 소재로 쓴 많은 시조들 가운데는 각기 다른 그리움의 정서를 담고 있는 「쑥」과 「겨울 갈대」가 주목을 끈다.

> 내 살아온 나이보다 더욱 먼 친정에 와서
> 이슬 묻은 쑥을 뜯어 돌절구에 찧으면
> 알싸한 지난날들이 마음 가득 고입니다

평생을 일구어도 보약 한 첩 살 수 없던
어머니 시집살이가 삼베 올에 쬐여 나온
한 사발 쑥물보다는 서러움이 더 씁니다

철지난 햇살아래 훌쩍 자란 쑥을 보며
내년을 기약하며 아쉬움을 접던 그 날,
어디서 날아왔는지 쑥국새 붉게 웁니다

–「쑥」 전문

강물도 제 몸 줄여
동안거에 드는 정월
목마른 길목마다
하얀 촛불 켜졌다
가슴을 다 태우고도
한기 드는 저물녘

철새마저 떠나버린
둥지를 끌어안고
심술 난 된바람을
온 몸으로 견디지만
빈속에 삼킨 상처는
풀어내지 못하는

철부지 자식들을 대처로 보내놓고
여위어 길어진 목 동구 밖을 서성이던
어머니 시린 발등위로 찬 서리가 내린다
—「겨울 갈대」 전문

먼저 「쑥」을 보면 아주 일반적인 친정나들이의 한 단상이 진솔하게 그려져 있다. 어려운 낱말이 동원된 것도 아니고 미사여구를 차용한 흔적도 찾아보기가 어려운 평범한 시구절임에도 읽고 난 느낌은 어딘가 모르게 미처 떼어내지 못한 그리움 같은 것이 묻어난다.

첫 수의 내용은 행간에서 드러난 그대로 '먼 친정에 와서/ 이슬 묻은 쑥을 뜯어 돌절구에 찧는' 장면의 묘사다. 약국이나 병원이 멀고 설사 있나하더라도 약 지을 돈이 없어 배가 아프면 쑥물이나 내려서 먹었던 유년시절의 모습이 떠올라 마음이 먼저 알싸한 정황이 그려져 있다. 물론 특별한 이야기는 아니다. 그러나 그 정황의 구체성이 둘째 수에서 밝혀진다. '평생을 일구어도 보약 한 첩 살 수 없던/ 어머니 시집살이'를 어린 나이에 보아왔던 것이다. 그러기에 '한 사발 쑥물보다는 서러움이 더' 쓴 경험이 아닐 수 없다.

되도록 많은 쑥을 뜯어 말리기도 하고 쑥물을 만들어 어머니의 늙은 손을 편하게 해드리고 싶지만 고작 하루해가 아니던가. 이제는 딸에서 며느리로 돌아갈 시간이기 때문이다. 시댁에서의 또 다른 역할이 기다리는 여인네의 애잔한 아쉬움이 셋째 수를 채우고 있다. '내년을 기약하며 아쉬움을 접'어보지만 이미 '어디서 날아왔는지 쑥국새 붉게' 우는 것이 아닌가. 쑥국새는 산비둘기의 사투리로 구슬픈 울음을 우는 새라는 점을 감안하면 쉽게 친정을 떠나지 못하는 딸의 가슴 저림이 간접적으로 담겨져 읽는 이의 마음마저 흔들어 주고 있다.

그런가하면 「겨울 갈대」에서 그려지는 어머니의 모습은 보다 더 적나라하다. 「쑥」과 「우산」이 어머니와의 관계성 앞에서의 적극적인 감성이나 견지자적 입장인데 비해 「겨울 갈대」는 갈대와 어머니를 동일체로 본 접근방식을 택하고 있다.

우선 이 작품에서는 치밀한 구성력과 함축된 행간에 내장된 은유가 돋보인다. /강물도 제 몸 줄여/ 동안거에 드는 정월'로 시작되는 첫 수에서는 '가슴을 다 태우고도/ 한기 드는 저물녘'의 종장이 지칭하듯 어머니와 하나 된 겨울 갈대의 환경을 형상화하고 있다.

둘째 수에서는 '철새마저 떠나버린/ 둥지를 끌어안고 // 심술 난 된 바람을/ 온몸으로 견디'는 갈대의 생존법을 그려낸다. 하지만 여름철의 그 청정한 기운은 다 삭아 없어지고 근육도 물기도 사라진 '빈속에 삼킨 상처'로 버텨내는 처지가 영락없는 어머니의 삶과 겹쳐진다.

그리고 마지막 수에서는 아예 어머니의 모습으로 환치시켜서 시인의 메시지를 강화시켜 놓고 있다. '철부지 자식들을 대처로 보내놓고/ 여위어 길어진 목 동구밖을 서성이던/ 어머니'와 흡사하였던 것이다. 그런데 그 어머니의 '시린 발등위로 찬 서리가' 다시 내리는 것이 겨울 갈대가 처한 운명이자 어머니가 겪어야 했던 숙명에 다름 아니다. 발상부터가 독특하고 끝까지 긴장미를 이끌어가는 묘사력 또한 돋보이는 작품이다.

유독 모정 간의 잔정이 깊게 서린 시편들이 많은 가운데서도 아버지에 대한 신뢰와 감사를 노래한 시편들 또한 많은 부분을 차지하고 있다는 것은 최재남의 결 고운 심성 탓이 아닌가 생각된다.

새벽 강에 발을 씻는 등 굽은 느티나무
물살마다 감겨오는 귀 익은 노래 가락에
초록빛 가슴을 열어 굽이굽이 현을 켠다

제 신명에 넋이 나간 매미소리 뚝 끊긴 오후
고장 난 계산기로 배추밭을 넘긴 아버지,
흙냄새 툭툭 털어서 나무 아래 뿌리셨다

한 해에 한 번씩은 도져오는 불치병 안고
아름드리 몸통 속에 집을 지어 가셨나
아버지 비운 그늘이 빈들보다 넓었다

–「느티나무」 전문

이 작품은 언제나 동구 밖에 서서 마을을 지키며 푸르고 깊은 그늘을 제공해주던 느티나무와 이미지를 동일시하여 못 다한 자신의 효사랑을 확장시켜주고 있다. 동물적 한계와 고통을 정신적 의지로 견뎌야 하는 아버지의 삶을 아무런 통각도 느끼지 못한 채 숙명적인 공간에 묶여 생명을 다하는 느티나무의 그것에 비교하여 계측해 줌으로서 전달하고자하는 메시지의 효과를 극대화시켜 놓은 것이다.

작품의 전개과정을 살펴보면 첫 수에서는 '새벽 강에 발을 씻는 등 굽은 느티나무'의 모습에서 새벽 일 나가시던 아버지를 하나로 중첩시켜 놓았다. 그리고 이어 '물살마다 감겨오는 귀 익은 노래 가락', 즉 유구한 자연의 섭리 속에 놓인 삶의 위의로 인해 '초록빛 가슴을 열어 굽이굽이 현을' 켜는 성숙한 정신성을 시킨다. 바로 시인의 기억 속에 존재하는 아버지의 참 모습이다.

그리고 둘째 수에 오면 뜻과 같지 않은 일상의 한 단면을 즉시하면서 연민의 한 정지화면을 끌어들인다. '고장 난 계산기로 배추밭을 넘긴 아버지'가 '흙냄새 툭툭 털어서 나무 아래 뿌리'는 것이다. 아무리 셈 해봐도 씨앗 값이며 병충해 퇴치에 들어간 약값과 품값에 못 미치는 배추 값이지만 고집만 부릴 수 없는 것이 시장의 현실이고 그 괴로움을 감내하는 쪽이 언제나 억울한 농심農心이 아니던가. 그냥 툴툴 털어버리는 수밖에 다른 도리가 없었던 아버지의 아픈 가슴을 위로하고 싶었던 것이다.

그러던 아버지가 '불치병 안고/ 아름드리 몸통 속에 집을 지어 가'신 지금 '아버지가 비운 그늘이 빈들보다 넓'게 느껴져 옴을 마지막 수에 담아놓았다. 아버지에 대한 감사와 자식으로서 부족했던 과거에 대한 후회가 반성적인 시의 공간에 가득히 담겨져 느티나무보다 더 넓고 푸른 여운을 이끌어낸 작품이다.

이 밖에도 아버지의 빈자리를 노래한 「아랫목」, 아버지의 밥그릇을 추억한 「이팝나무」, 훈훈한 부정을 그리움으로 노래한 「군불」과 「숯불을 피우며」등이 눈길을 끈다.

3

최재남의 이번 시집에서 빈번하게 등장하는 관심사 가운데는 발로 뛰어 찾아가는 현장의 시가 상당수를 차지하고 있다. 시인이 자신의 생각을 정리하고 검증하는 과정을 거듭하는 것은 자기 생각의 객관성과 보편성을 확보하기 위한 필연적인 선택의 하나다. 그것은 또한 책이나 정보매체로부터의 지식이 해결하기 힘든 현장체험의 시공적 대면과 그에 따른 관찰과 사색이 주는 보장성 때문이기도 하다. 최 시인의 경우 특히 역사적 현장에서의 교감을 시적 동기로 채택하는 비율이 높아 보인다.

먼저 흔히들 6 · 25 한국전쟁포로들의 수용소가 역사를 증언하고 있는 거제도가 눈에 들어온다. 모두가 알다시피 6 · 25 전쟁 당시 사로잡은 북한군 포로들을 수용하기 위해 1951년부터 정부 차원에서 육지가 아닌 거제도에 집단 포로수용소가 설치되었다. 전쟁이 치열하게 전개됨에 따라 북한 인민군 포로 15만명과 중공군 포로 2만명 등 17만명이 넘는 인원이 수용되었고 이 엄청남 규모를 관리하기 위하여 항구와 병원, 도로가 개설되었고 심지어 비행장까지 건설되기도 하였다.

그러나 문제는 이들 구성원 가운데 서로의 이념적 갈등으로 심심찮게 폭동이 일어났고 상당수는 쌍방 간의 포로교환으로 풀려나기도 하였다. 마침내 반공포로 2만 7천명이 우리 진영에 희망적으로 석방되어 자유의 몸이 되었고 나머지 친공 포로 또한 소환이 마무리되어 휴전협정이 조인된 1953년 7월에 폐쇄되었다. 그리고 지금은 그 역사의 현장에 〈거제도포로수용소 유정공원〉이 설치되어 있다. 시인은 지금 그 역사의 현장에 간 것이다.

조각달 띄워놓고 항구는 부산하다
비워진 골짜기마다 바람을 실어 나르는
무중력 여객선 행렬, 오늘밤도 만선이다

어디든 치닫는 게 바람의 근성이라
물로는 씻을 수 없는 붉은 상처 끌어안고
남으로 다시 북으로 뒤엉키다 쓰러진다

시간도 되감으면 불면증이 도지는지
짠 내에 속이 패어 잠 못 드는 히얀 풍차
피멍든 님도 바다엔 별이 뜨지 않는나

-바람의 섬이란 부제가 붙은 「거제도에서」 전문이다. 전쟁이 거듭될수록 포로들의 숫자는 늘어나고 '무중력 여객선 행렬, 오늘밤도 만선이' 되어 밀려들어오는 참혹한 항구와 조각달을 만난 것이다. 그리고 곧이어 '물로는 씻을 수 없는' 이념의 '붉은 상처 끌어안고' '남으로 다시 북으로 뒤엉키다 쓰러' 지는 아비규환의 참상을 체험하게 된 것이다. 여기까지도 자신의 감정을 드러내지 않고 어두웠던 역사의 현장을 숨 막히게 탐색하고 있다.

그러나 그 아픔의 기록들을 체험하고 난 뒤에 바라보는 거제도는 낭만의 섬이 아니었다. '시간도 되감기면 불면증이 도지는지/ 짠 내에 속이 패여 잠 못 드는 하얀 풍차' 앞에 서 봐도 자신의 기억을 게워내는 바람을 어찌할 수가 없다. 역사의 증언장이기도 하지만 한편의 격조 있는 기행시조로 손색이 없다.

간절곶 언덕에는
그리움 모여 산다
길도 없는 바다 쪽으로 문을 연 우체통과
오늘도 수취인 불명으로 되돌아온 편지 한 통

지우고 다시 쓰고
수평선이 다 닳아도
속이 하얀 박제상은 돌아오지 않았다
칼바람 훑고 간 자리 발자국만 어지러운

모녀는 빨간 우체통에
또 편지를 부친다
우체부가 팔을 걷고 바닷길을 여는 동안
파도는 속을 감춘 채 신열 몰래 앓는다

*간절곶에는 일본에서 신라왕과 아우를 구하고 대신 죽

은 박제상을 기다리다 돌이 되었다는 모녀상이 있다

—「간절곶 소망 우체통」 전문

「간절곶 소망 우체통」은 우리나라에서 가장 먼저 해가 뜨는 곳의 지명이다. 바다로 뾰족하게 기어가다가 멈춘 지형의 특색을 살린 여러 가지 기념조형물이 길손들을 반기는 유명관광지이기도 하다. 하지만 그 현장에서의 최 시인은 스쳐지나가는 일반 관광객의 시선으로만 머물지는 않는다. 우리나라에서 가장 크다는, 일명 〈소망 우체통〉에 의미를 부여한 것이다. 애절한 설치배경이 있었기 때문이다.

박제상은 신라 눌지왕 때 재상을 지낸 충신이었다. 눌지왕의 동생 미사흔이 왜국에 볼모로 잡히기자 그 왕제를 구출하기 위해 왜국으로 떠난다. 박제상은 기지를 발휘하여 미사흔을 구출해내는데 성공하여 무사히 신라로 보냈지만 그만 자신은 붙잡히고 만다. 왜왕이 그의 충성심을 높이 사 자신의 신하가 될 것을 종용하였지만 끝내 거절하다가 불에 태워져 죽임을 당하고 말았다. 남편이 왜국으로 떠난 후 박제상의 부인은 두 딸과 함께 날마다 인근 치술령에 올라 기도하며 남편을 기다리다가 마침내 그 자리에서 돌로 굳어 망부석이 되고 말았던 것이다. 그 간절한 기다림을 기려 우체통을 세우고 모녀가 함께 한 석상을 세운 것이다.

〈소망 우체통〉이 세워진 그 같은 배경을 알고 나자 더욱 더 마음이 저려오는 것이 아닌가. '길도 없는 바다 쪽으로 문을 연 우체통과/ 오늘도 수취인 불명으로 되돌아온 편지 한 통'의 애절한 상상에 젖게 하는 '간절곶 언덕에는/ 그리움이 모여' 살기에 천년을 넘은 아픈 사연에 차마 발걸음을 옮길 수가 없었다.

부인은 지금도 망부석으로 서서 '칼바람 흩고 간 자리 발자국만 어지러'워도 '속이 하얀 박제상은 돌아오지 않'고 '수평선이 다 닳아도' '지우고 다시 쓰'기를 거듭하고 있다. 그리고 '빨간 우체통에/ 또 편지를 부친다'. '우체부가 팔을 걷고 바닷길을' 열어주리라 믿기 때문이다. 천년을 넘긴 설화와 오늘의 현장에서 체감되는 기다림의 질량을 일치시켜 공감대를 넓혀간 상상력의 전개가 인상적인 작품이다.

그 밖에도 모범적이거나 의지의 한국인으로 살다간 사람들의 정신을 기리고자 한 작품들도 최재남의 정신성을 읽게 하는 요소로 작용하고 있다. 특히 동화작가 권정생의 삶의 궤적을 더듬어간 「일직교회에서」가 돋보인다.

산마을 예배당을 오래도록 지킨 종탑

슬퍼도 울지 못하는 종하나 품고서서

산허리 돌아나가는 꿈, 날마다 엮고 있다

새벽 닭 울기 전에 외줄로 당기는 별

총총히 탑을 내려와 시린 어깨 보다듬어

문간방 기침소리를 하늘 끝에 싣고 간다

*일직교회: 아동문학가 권정생이 종지기로 있던 교회

'종탑'이라는 부제가 붙은 「일직교회에서」 전문이다. 권정생은 그가 이룬 동화작품의 성과 못지않게 성장배경과 삶의 이야기가 가슴 뭉클하게 하는 인물이다. 그는 일제 강점기 일본 도쿄 빈민가에서 가난한 노무자의 아들로 태어났다. 광복과 더불어 외가가 있는 청송으로 귀국했으나 6·25 전쟁 통에 가족과 헤어졌다. 이후 나무장수와 담배장수, 가게 점원 등으로 전국을 떠돌다가 폐결핵에 걸린 채 1957년경 안동군 일직면에 들어오게 된다. 그 후에도 결핵이 심해져 몇 차례 집을 떠났다가 기독교에 귀의하면서 일직교회 종지기로 정착하게 되었다. 이 무렵부터 아이들을 위한 동화 창작에

몰두하여 조선일보 신춘문예로 등단하고 「강아지 똥」, 「몽실 언니」등 수많은 명편들을 창작하였다. 만년에는 일직교회가 바라다 보이는 산언덕에 자신이 직접 지은 5평 남짓한 오두막집에서 강아지와 함께 살다가 결핵과 신부전증의 악화로 71세의 나이로 유명을 달리하였다. 참으로 파란만장한, 그러나 가장 가치 있고 존경받을만한 작가의 삶을 살다간 우리시대의 작은 영웅이 아닐 수 없다.

최재남이 병든 몸으로 세상을 향해 자유와 평화와 구원이 담긴 종을 치던 일직교회에서 권정생의 거룩한 삶을 만난 것은 그 자체로도 감격에 다름 아니다. 그리고 그 자리에서 그는 '슬퍼도 울지 못하는 종 하나 품고 서서/ 산허리 돌아가는 꿈, 날마다 엮고 있'던 권정생과 조우를 한 것이다.

그가 만난 권정생은 '새벽 닭 울기 전에 외줄로 당기는' 종줄에 별/ '총총히 탑을 내려와 시린 어깨 보다듬어/ 문간 방 기침소리를 하늘 끝에 싣고 가'는 고통이 사라진 모습이다. 물론 그것은 최재남이 할 수 있는 기도였는지도 모른다. 애잔한 연민과 안타까움과 외경감이 한데 어우러진 기도문 같은 짧은 시편이, 그러나 독자들의 가슴을 여미게 한다.

최재남이 발로 달려간 현장은 현재적 삶의 열기가 물

씬 풍기는 진행형의 공간도 포함되어 있다. 역사적, 전기적 현장이 진단적 체험의 공간이라면 현재적 삶의 현장은 참여나 소통의 기능을 보완하는 역할을 맡고 있다.

자정 무렵 북성로엔 바람도 소매 걷는다
불 꺼진 골목마다 포장마차 들어서면
냄비를 점령한 멸치 떼
바다를 우려내고

어둠이 깊을수록 근심마저 깊어지나
술잔에 버무려지는 허기에 지친 하루,
아무도 내일을 핑계로
일어서지 않는다

하루치 품삯으로 또 하루를 사는 사람들,
빈 그릇에 반쯤 깔린 달빛을 위안삼아
버려진 길을 더듬어
빈 새벽을 건넌다

–「북성로」 전문

북성로는 공구와 오토바이, 농기계 등이 몰려 있는 대구의 대표적 기능성 골목이다. 이들 거리는 업무의 특

성상 일찍 가게 문을 닫게 되고 그 빈 거리에는 포장마차가 들어서 낮과는 전혀 다른 삶의 활기를 제공하는 공간이다. 그 현장에 최 시인도 함께 한 것이다.

이미 '자정 무렵 북성로' 이지만 '포장마차 들어서' 고 '냄비를 점령한 멸치떼' 가 '바다를 우려 내고' 있었다. 시간이 흐르고 '어둠이 깊을수록 근심마저 깊어지' 는지 '술잔에 버무려지는 허기에' 도 '아무도 내일을 핑계로/ 일어서지 않는' 것이다. 이 순간만큼은 삶의 진정한 아름다움은 꿈에 갇힌 내일보다 지금 이 순간 살아있음에 대한 긍정과 감사에 인색할 필요가 없다.

그런데 이 밤 여기저기 늘어선 포장마차속의 행복한 주인공들은 '하루치 품삯으로 또 하루를 사는 사람들' 이 아닌가. 그러나 그들은 '빈 그릇을 건' 너 가는 지혜로운 사람들이었다. 진정 이 시대를 위하여, 이 시대가 원하는 생산을 위하여 땀을 흘리고 아픔을 삭혀온 민초들이었다. 이처럼 결코 함께 취하거나 흥분하지 않고 가만히 바라봐주는 긍정적인 시선이 최재남의 미덕이자 기대가치라 여겨진다.

발로 쓰는 최재남의 현장시는 우포로 이어진다.

한 번도 그 바닥을 드러낸 적 없었기에
사람들은 우포에 와서 상처를 숨겨놓는다

수면을 고르는 동안
가시들은 돋아나고

여름이 오기도 전에 통증은 시작되었다
어긋나던 삶의 고비, 촘촘히 박힌 가시
뼈마저 뚫고 나왔나
울음이 더욱 붉다

하늘이 다시 내려와 물살을 보듬으면
연잎은 온 몸으로 제 가시를 닦아낸다
보라 빛 작은 성 한 채
환하게 솟아나도록

—「우포에서」 전문

우포는 경남 창녕군에 위치한 우리나라 최대 규모의 자연 늪이다. 전체 면적이 70만평으로 30종 가까운 수생식물과 70종이 넘는 습생식물이 살고 있는 방대한 규모다. 천년기념물인 백조와 큰고니, 쇠오리, 고방오리 등 30종이 넘는 새들이 관찰되는 최고의 생태환경 학습지이다. 최 시인은 지금 수만 년의 흐름을 멈춘 그 현장에 가서 상식적이고 학습적인 환경과의 차이가 가져다 주는 외경감과 견딤이 빚는 감성적 소통에 젖고 있다.

'-가시연꽃' 이라는 부제가 붙은 첫 수에서는 비록 1

미터 남짓한 깊이이면서도 '한번도 그 바닥을 드러낸 적 없었기에/ 사람들은 우포에 와서 상처를 숨겨놓는다' 는 유추를 통해 자신의 심상을 드러내고 있다.

둘째 수에서는 가시연꽃에게서 화자 자신의 모습을 발견한다. '촘촘히 박힌 가시' 로 '어긋나던 삶의 고비' 가 '여름이 오기도 전에 통증은 시작되' 어 마침내 '뼈마저 뚫고 나왔' 는지 '울음이 더욱 붉' 은 가시연꽃과 자신의 처지가 흡사한 모습이었다.

그러나 언제까지나 상처를 외면하고 그 상처가 주는 통증만을 감내하면서 살아갈 수는 없지 않겠는가. '보랏빛 작은 성 한 채/ 환하게 솟아나도록' '하늘이 다시 내려와 물살을 보듬으면/ 연잎은 온몸으로 제 가시를 닦아' 내는 가시연을 보면서 위안과 자신에 대한 반성적 입지를 새롭게 넓히는 노력을 하고 있다.

가시연꽃의 굴곡진 생명력을 통해서 생명의 진정성과 존재의 위의를 향해 통시적으로 접근해가는 자세와 상상력의 깊이를 유감없이 보여준 작품이다.

그 외에도 이상화 시인의 시 정신을 탐색한 「수성못에서」, 안향의 애국충절의 그린 「소수서원 은행나무」, 6 · 25의 참상을 떠올린 「여름, 유학산」, 하회 별신굿의 배경을 함축시킨 「만송정」 등 최재남이 긋고자 한 역사적 밑줄은 굵고도 선명하다.

4

최재남 시조의 또 한 갈래는 일상에서의 성찰적 자기 진단이다. 인식 속에 들어오는 모든 대상물들의 취지를 살피고 위상을 계측하는 가운데 자연스럽게 자신의 경우와 비교하여 마음가짐을 추스르는 행위는 창조적 자세라 하지 않을 수 없다. 거울을 통해서 자신을 들어다보는 일이 자신의 모습을 바르게 하기 위함이듯이 사물이나 사건을 통해 자신의 행동이나 심상을 유추해보는 일 또한 자신의 그릇된 자세를 교정하여 건강성을 찾기 위한 방편일 것이다. 최 시인 또한 이 같은 낡은 인식의 세탁과정을 통해 적극적인 자기성찰의 길을 모색하고 있다.

꽃 한 송이 지는 것이
경쾌한 짧은 음인 듯

딩동댕 벨에 실려
부고가 날아왔다

손가락
쓰윽 누르자
한 생애가
지워졌다

—「부고」 전문

단형시조의 작은 공간에 담긴 질량은 그러나 결코 만만치 않다. 흔히들 일상에서 자주 받아온 부고지만 요즘은 과거처럼 근엄하지도 않고 무게감도 훨씬 덜하다. 종이 부고를 들고 일가친척에게 전하기 위해 수백 리를 찾아가던 예의 그 부고방식이 아니기 때문이다. 장례의식을 치루기 위해 이웃집 마당까지 빌리고 장례기간 동안 내내 잠을 자지 않고 마당가에 불을 지피던 그런 시대는 더더욱 아닌 것이다.

이 작품의 초장에서 보여주듯이 '경쾌한 짧은 음인 듯 // 딩동댕 벨에 실려/ 부고가 날아왔'기 때문이다. 스마트폰을 통해서 매사가 이뤄지는 편리한 시대의 문명에 감사하다가도 정말 이렇게 '꽃 한 송이 지는 것'처럼 한 생명이 이 세상에서 사라져도 되는 것인가라는 회의에 젖지 않을 수 없다. 그럼에도 불구하고 평소에 스마트폰을 다루는 습관대로 '손가락/ 쓰윽 누르자/ 한 생애가/ 지워'져 버리는 것이 아닌가.

그것이 누가 '아프다더라'. '이사를 갔다더라' 같은 내용의 전달이 아니라 세상을 등진 엄청난 무게감임에도 너무나 가볍게 주고받아버리는 세태에 대한 반성이 비판과 함께 내밀히 깔린 작품이다. 특히 초장에서의 '꽃 한 송이 지는 것이/ 경쾌한 짧은 음인 듯'과 같은 시각과 청각을 전편으로 끌고 가 획득한 시적 효과는 이 시조를 살리는 청량제로 작용하고 있다.

그에 비하면 어릴 적 기억을 더듬어 순수하면서도 해맑은 동심을 재생하여 새로운 시적 공간을 연출한 작품으로 「진달래 기억」과 같은 시편도 눈에 들어온다.

> 이 꽃잎 다 따버리면
> 산도 배가 고플까
>
> 거머쥔 소쿠리는
> 차마
> 못 놓는데
>
> 꽃잎이 머물던 자리
> 기웃거리는
> 흰나비
>
> –「진달래 기억」

동심이 고스란히 담겨져 있어서 '동시조'라고 볼 수도 있겠으나 종장의 다소 비역적인 은유를 보면 어른들이 읽어도 생각을 깊이하게 하는 작품이다. 초장의 착상은 동심 그 자체다. '이 꽃잎 다 따버리면/ 산도 배가 고플까' 라는 생각은 어린이의 전유물이다. 사람들이 꽃잎을 따먹으니 산도 진달래 꽃잎을 따먹는다고 생각하는 것은 온당하다.

그럼에도 '거머쥔 소쿠리는/ 차마/ 못 놓는/ 것은 어린 마음에 대한 존중과 애성의 표현이다. 그리고 그것은 또한 어른들의 욕심이기도 하다. 그런데 이 평범한 공간이 평범하게 읽히지 않는 것은 종장이 쳐놓은 수수께끼 같은 덫 때문이다. 물론 '꽃잎이 머물던 자리/ 기웃거리는/ 흰 나비' 가 지닌 행간자체의 의미는 극히 평범하고 낯익은 장면일 뿐이다. 그런데 앞쪽에서의 심상전개와 대비하면서 읽어보면 예사롭지가 않다. 꽃을 찾아온 '흰나비' 도 시적 화자와 꼭 같은 한 가지 목적이었을 것이다. 그런데 그 꽃을 다 따버린 것이다. 흰나비의 꿈을 빼앗아 버린 것이다. 얼마나 실망하였을까 싶은 어린 마음이 어른이 된 지금에 까지 가슴 한켠에 남아서 마치 죄를 지은 심정으로 되뇌어보고 있는 것이다. 짧은 행간 속에 웅숭깊은 사려와 연민이 가득 묻어나는 작품이다.

마주 선 포클레인
그 눈빛이 심상찮다
팽팽한 긴장을 깨고
단 한번 내지른 팔,

버텨온 골드파크 담장 일순간에 무너진다

담하나 사이 두고
가늠 못한 그 너머엔
햇살을 기다리던
키 작은 풀꽃들이
얼굴을 반쯤 드러낸 채 작은 손을 내밀고

서로를 빼앗아간
시간들을 부축하듯
화려한 오색물감
곱게 칠한 놀이터로
아이들, 눈을 맞추며 바람처럼 넘나든다

—「담장을 허물다」 전문

우리네 근대사를 보면 전쟁과 찌든 가난, 민주적 주권을 탈취한 독재적 권력의 만행과 이의 분쇄를 향한 처절한 몸부림으로 점철이 되어 있다. 그에 더해 자립을 향한 각고의 노력이 더해져서 오늘날과 같은 중간단계의 선진화를 이룩하였다. 그러한 과정에서 경계하고 경쟁하면서 보다 더 자기중심의 사회상을 초래하게 되는데 그 가운데서도 가장 대표적인 본보기가 이웃과의 경계를 명확히 구분하는 담장쌓는 일이었는지 모른다.

그런데 일정한 세월이 지나고 사회질서의 안정화와 믿음의 비중이 커진 오늘에 와서는 오히려 그 완벽하던 경계의 상징인 담장이 도시미관을 헤치고 단절의 상징으로 비쳐져 일부에서 헐어내려는 시도가 진행되고 있다. 그 사회적 풍토의 변화를 마주하면서 실존과 감성적 소유, 혹은 불안의 생성추이에 대해 시인은 포커스를 맞추고 있다.

첫 수에서는 철옹성 같은 믿음의 상징인 '골드파크 담장'을 '마주선 포클레인/ 그 눈빛이 심상찮'은 정황을 맞닥뜨리고 관찰한 끝에 '단 한 번 내지른 팔'로 '일순간에 무너'지는 담장을 보게 된다. 그러자 '담 하나 사이 두고/ 가늠 못한 그 너머엔/ 햇살을 기다리던/ 키 작은 풀꽃들이/ 얼굴을 반쯤 드러낸 채 작은 손을 내'미는 것이 아닌가. 무슨 큰 비밀이나 숨겨두었나 싶었지만 고작 '키 작은 풀꽃'들이 숨죽이고 있었다는 것은 욕망의 그늘에 숨겨두고 싶었던 인간의 위선적 모습의 하나이리라. 폭로를 살짝 에둘러 표현한 것이다. 그리고 '서로를 빼앗아간/ 시간들을 부축하듯/ 화려한 오색 물감/ 곱게 칠'해 '놀이터로' 만들자 아이들이 서로의 '눈을 맞추며 바람처럼 넘'나들기 시작하였다.

끝없이 숨기고 허세를 부리고자 한 사람들의 허영과 기만이 무너진 담장 아래의 '키 작은 풀꽃들'에 의해 부끄러워지는 순간이다.

그 외에도 관찰력을 중심으로 생멸의 기로에 선 상황 인식을 추적한 「응급실에서」, 「이별 연습」,「문상」등의 작품과 이중적 사고와 처신술로 세상과 교호하는 세태를 꼬집은 「비누」, 「탈」, 「내비게이션」 등도 눈여겨 보이는 작품이다.

5

지금까지 최재남의 첫 시조집 『바람의 근성』을 살펴보았다. 전체적인 관심은 서두에서 언급한 것처럼 과연 최재남은 무엇을 목적으로 시를 썼는가에 모아져 있었다. 그리고 일정한 시적 수련과정과 모국어에 대해 제대로 된 이해가 이루어진 뒤에나 가능한 시조라는 점에서도 궁금증이 더해졌나.

하지만 이 같은 궁금증은 몇 편을 읽기도 전에 이내 해소되었다. 전편을 통해서 최재남이 지향하고 있는 감사와 화해, 그리고 자아성찰이라는 방향성이 읽혀졌기 때문이다. 시종일관 그의 시작태도는 진지하고 학구적이며 때로는 홀로서기, 혹은 자신의 인식에 대한 물음의 연속이었다. 그리고 그것은 그대로 자아실현의 수단으로 활용되고 있음을 다양한 소재의 선택으로도 보여주었다.

혈육에 대한 다소 진부한 소재를 즐겨 다루면서도 결코 논리에 안주하지 않았고 발로 뛰는 현장 시에서도 흥분하거나 선부른 자기감정을 노정시키지 않음으로서 대상의 객관적 진실에 충실하였다.

무엇보다도 시조를 통해서 최재남이 보여준 정형미학은 탄탄한 기초를 바탕으로 신뢰감을 담보하고 있다는 점이다. 관찰과 사색, 그리고 사유의 전개라는 탐구자적 과정을 충실히 보여주었으며 설험이라는 이름의 선부른 형식의 파괴나 파격을 용인하지 않았다. 뿐만 아니라 3장의 율격미를 성실히 따르되 사고의 신선함이나 감각적 언어의 활용으로 오랜 낯익음으로 인해 빚어질 수 있는 진부함마저 불식시켜 주고 있다.

그는 독실한 기독교 신자이면서도 결코 종교시적 분위기에 편향되지 않았다. 더러 종교적 심상이 노정되기도 하였지만 시와 종교와의 경계를 엄격히 구분하였다. 어쩌면 그것이 최재남 시조의 개성이며 앞으로 더욱 폭이 넓은 소재를 소화해 시조의 지평을 넓혀 주리라는 기대를 가지게 하는 요소인지도 모른다.

시조집 발간을 축하하며 이를 계기로 보다 성숙하고 개성적인 시조의 광맥이 찾아지기를 기대한다.